365 jours d'optimisme

365 citations pour retrouver la confiance en soi et le chemin du succès

Ce livre de **motivation** permet d'augmenter sa **confiance en soi**. A travers les citations de personnages célèbres qui ont réussi leur vie, nous réalisons que le succès, la réussite et la richesse, sont à portée de nous.
C'est un livre de **pensées positives** qui vous aidera vers le chemin la **réussite**.

* * *

1 « Il y a dans chaque être humain une force intérieure qui, une fois libérée, peut faire de chaque vision, rêve ou désir, une réalité »
Anthony Robbins

* * *

2 « Certains veulent que ça arrive. D'autres aimeraient que ça arrive. Et les autres font

que ça arrive »
Michael Jordan

* * *

3 « Faites de votre vie un chef-d'oeuvre;
n'imaginez pas de limite à ce que vous
pouvez être, avoir ou faire »
Brian Tracy

* * *

4 « Qu'importe d'où tu viens et qui tu es,
tu peux réussir »
Oprah Winfrey

* * *

5 « Les deux jours les plus importants de ta
vie sont le jour où tu es né et celui où tu as
trouvé pourquoi »
Marc Twain

* * *

6 « Une attitude mentale positive est la bonne attitude à avoir peu importe les circonstances. Le succès attire le succès tandis que l'abandon attire plus d'abandons »
Napoleon Hill

* * *

7 « Il y a deux types de personnes qui vous diront que vous ne pouvez pas faire une différence dans ce monde: ceux qui ont peur d'essayer et ceux qui ont peur que vous réussissiez »
Ray Goforth

* * *

8 « Ne compte pas les jours, fait que les jours comptent»
Mohamed Ali

* * *

9 « Prenez la décision aujourd'hui de faire quelque chose de merveilleux avec votre

vie »
Brian Tracy
10 « La clé de la réussite, c'est le désir »
Al Pacino

* * *

11 « Pour atteindre n'importe quel objectif il faut deux choses : une noble himma (motivation) pour surmonter les obstacles et la bonne stratégie »
Ibn Jawzi

* * *

12 « Le succès c'est d'aller d'échec en échec sans perdre son enthousiasme »
Winston Churchill

* * *

13 « L'éducation obligatoire amène un salaire, l'éducation personnelle amène la fortune »
Robert Kiyosaki

* * *

14 « Pour réaliser quelque chose que vous n'avez jamais atteint avant, vous devez être quelqu'un que vous n'avez jamais été avant »
Brian Tracy

15 « Un pessimiste voit la difficulté dans chaque opportunité, un optimiste voit l'opportunité dans chaque difficulté »
Winston Churchill

* * *

16 « Cela semble toujours impossible, jusqu'à ce qu'on le fasse »
Nelson Mandela
17 « Le but n'est pas tout. Chaque pas vers le but est un but. Ce sont tous les petits buts qui font le but »
Confucius

* * *

7

18 « Le succès n'est rien d'autre que quelques disciplines simples, pratiquées tous les jours »
Jim Rohn

* * *

19 « N'essaie pas. Fais-le, ou ne le fais pas, mais il n'y a pas d'essai »
Maître Yoda
20 « Le secret de la réussite est d'apprendre à se servir de la douleur et du plaisir, au lieu de laisser la douleur et le plaisir se servir de vous. En agissant ainsi, vous contrôlez votre vie. Sinon c'est votre vie qui vous contrôle »
Anthony Robbins

* * *

21 « Une personne moyenne avec un talent, une ambition et l'éducation, peut dépasser le génie le plus brillant de notre société, si cette personne a des objectifs clairs

et ciblés »
Brian Tracy

* * *

22 « Restez toujours fidèle à vous-même et ne laissez personne vous distraire de vos objectifs. Lorsque j'entends des attaques fausses et négatives à mon compte, je n'y accorde aucune énergie, car je sais qui je suis »
Michelle Obama

23 « Je ne perds jamais. Soit je gagne, soit j'apprends » Nelson Mandela

* * *

24 « L'établissement d'un but ou objectif clair et central dans la vie est le point de départ de tout succès »
Brian Tracy
25 « La confiance en soi est le premier secret du succès » Ralph Waldo Emerson

9

* * *

26 « Il y a deux façons de faire face aux difficultés: soit on les transforme, soit on se transforme en les affrontant »
P. Bolton

* * *

27 « Fréquentez les gens qui ont quelque chose de valable à partager avec vous et leur impact restera significatif sur votre vie bien longtemps après leur mort »
Jim Rohn

* * *

28 « Si vous êtes déterminé à devenir avocat, vous avez fait plus de la moitié du chemin ... Sachez que votre volonté de réussir est plus importante que tout »
Abraham Lincoln

* * *

29 « Ne pensez pas à l'échec, pensez aux opportunités que vous risquez de manquer si vous n'essayez pas »
Jack Canfield

* * *

30 « Ce que d'autres ont réussi, on peut toujours le réussir »
Antoine de Saint-Exupéry

* * *

31 « Ne doutez jamais qu'un petit groupe de personnes réfléchis et engagés puisse changer le monde. En vérité, il en a toujours été ainsi »
Margaret Meed

* * *

32 « Une grande part de mon succès est attribuable à ma capacité de me convaincre que je peux réussir quelque chose, même si

je n'y connais rien »
Anthony Robbins

* * *

33 « La porte du changement ne peut s'ouvrir que de l'intérieur. Chacun en détient
la clé »
Jacques Salomé

* * *

34 « Choisissez un travail que vous aimez,
et vous n'aurez pas à travailler un seul jour
de votre vie »
Confucius

* * *

35 « Celui qui réussit se concentre sur ce
qu'il attend de la vie, et non sur ce qu'il ne
veut pas »
Napoleon Hill

* * *

36 « Consigner vos objectifs sur papier augmente vos chances de les atteindre de mille pour cent »
Brian Tracy

* * *

37 « Tous les hommes pensent que le bonheur se trouve au sommet de la montagne alors qu'il réside dans la façon de la gravir »
Confucius

* * *

38 « C'est la répétition d'affirmations qui mène à la croyance. Une fois que cette conviction devient une conviction profonde, les choses commencent à arriver »
Mohammed Ali

* * *

39 « L'erreur est une formidable opportunité d'apprentissage »

Jane Nelsen

* * *

40 « La réussite est réservée à ceux et à celles qui cherchent toujours à s'améliorer »
David Schwarz

* * *

41 « Chacun est capable de faire jaillir de son être des trésors insoupçonnés de sagesse et de connaissances »
Mehdi Bel Maati

* * *

42 « Si mon esprit peut le concevoir et mon coeur peut le croire alors je peux le faire »
Mohamed Ali

43 « Les gagnants trouvent des moyens, les perdants des excuses »

14

Franklin Delano Roosevelt

* * *

44 « À force de tentatives, on finit toujours
par réussir »
Hérodote

* * *

45 « Ce que nous craignons le plus de faire
est généralement ce que nous avons le plus
besoin de faire »
Tim Ferriss

* * *

46 « Si vous vous persuadez à vous-même
que vous pouvez faire une chose quel-
conque, pourvu qu'elle soit possible, vous
la ferez, si difficile qu'elle puisse être »
Emile Coué

* * *

47 « Si, au contraire, vous vous imaginez ne pas pouvoir faire la chose la plus simple du monde, il vous est impossible de la faire et les taupinières deviennent pour vous des montagnes infranchissables »
Emile Coué
48 « Vous devez apprendre une nouvelle façon de penser, avant de maîtriser une nouvelle façon d'être »
Marianne Williamson

49 « Rêvez grand, commencez petit, agissez maintenant »
Robin Sharma

* * *

50 « Il n'y a qu'une chose qui puisse rendre un rêve impossible, c'est la peur d'échouer
Paulo Coelho

* * *

51 « Vous êtes un aimant vivant et vous attirez dans votre vie les personnes et les circonstances en harmonie avec vos pensées dominantes »
Brian Tracy

* * *

52 « Le succès est la somme de petits efforts, répétés jour après jour »
Leo Robert Collier

* * *

53 « Celui qui n'a pas d'objectifs ne risque pas de les atteindre »
Tzun Tsu

* * *

54 « Qui veut faire quelque chose trouve un moyen, qui ne veut rien faire trouve une excuse »
Proverbe Arabe

55 « La vie m'a enseigné au moins une chose : si quelqu'un avance avec confiance en direction de ses rêves et qu'il s'efforce de mener l'existence qu'il a imaginée, il jouira d'une réussite hors du commun»
Henry David Thoreau

* * *

56 « Votre qualité de vie est limitée par la qualité de vos pensées »
Brian Tracy

* * *

57 « Croire en soi est la première étape pour atteindre un objectif. Si vous pensez que vous allez échouer, vous le ferez probablement »
Will Smith

* * *

58 « Prendre le contrôle de vos pensées positives et négatives dans votre état d'esprit
est un choix qui transformera votre vie »
Zig Ziglar

* * *

59 « Vous ne trouverez jamais ce que vous
ne cherchez pas »
Confucius

* * *

60 « Le changement est une porte qui ne
peut s'ouvrir que de l'intérieur »
Terry Neill

* * *

61 « Les optimistes enrichissent le présent,
améliorent l'avenir, contestent l'impro-
bable et atteignent l'impossible »
William Arthur Ward

* * *

62 « Ce n'est pas l'événement qui détermine notre vie, mais ce que nous en faisons »
Ken Robinson

* * *

63 « Chaque fois que vous voyez une entreprise qui réussit, dites-vous que c'est parce qu'un jour quelqu'un a pris une décision courageuse »
Peter Drucker

* * *

64 « De nombreux échecs représentent seulement une défaite temporaire, qui sur le long-terme se trouvera être une bénédiction déguisée »
Napoleon Hill

65 « Les pensées mènent aux émotions, les émotions mènent aux actions et les actions

mènent aux résultats»
T. Harv Eker

* * *

66 « Je savais que si j'échouais, je ne le re-
gretterai pas, mais je savais que la seule
chose que je pourrai regretter était de ne
pas essayer »
Jeff Bezos

* * *

67 « Les épreuves qui te secouent signifient
que tu es vivant. Un arbre vivant accepte
de se faire malmener par le vent pour éviter que ses branches ne se rompent. Puis
un beau jour, ses branches finissent par se
couvrir de fleurs »
Kim Dong-Hwa

* * *

68 « Le succès suit l'échec »
Napoleon Hill

69 « Si tu peux changer d'avis, tu peux changer de vie» William James

* * *

70 « La confiance en soi c'est obtenir déjà plus de la moitié de sa prochaine réussite »
Jean Gastaldi

71 « On ne peut pas, sous prétexte qu'il est impossible de tout faire en un jour, ne rien faire du tout »
Abbé Pierre

* * *

72 « Celui qui veut atteindre un objectif lointain doit faire de petits pas »
Saul Bellow

* * *

73 « Seuls ceux qui osent s'accordent le droit de réussir »
Jacques Audiberti

* * *

74 « Souviens-toi que le bonheur dépend non pas de ce que tu es ou de ce que tu possèdes, mais uniquement de ta façon de penser »
Dale Carnegie

75 « A qui sait oser tout peut réussir. »
Xavier de Montépin

* * *

76 « Jamais vous ne gagnerez l'amour des gens par vos richesses, mais avec le sourire et le bon caractère »
Le prophète Mohammed (paix et salut sur lui)

* * *

77 « Lorsque deux forces sont jointes, leur efficacité est double »
Isaac Newton

78 « Lorsque tout semble aller contre vous, souvenez-vous que les avions décollent toujours face au vent »
Henry Ford

* * *

79 « L'optimiste voit la rose et pas ses épines; le pessimiste ne voit que les épines, oublieux de la rose »
Khalil Gibran

* * *

80 « Le meilleur moyen de réaliser l'impossible est de croire que c'est possible »
Le chapelier (Alice au pays des merveilles)
81 « Nous sommes ce que nous faisons à plusieurs reprises. L'excellence n'est donc pas un acte mais une habitude »
Aristote

82 « Je peux accepter l'échec, tout le monde échoue dans quelque chose. Mais je ne peux pas accepter de ne pas essayer »
Michael Jordan

83 « La plus grande découverte de notre génération a été de s'apercevoir qu'un homme peut changer sa vie en modifiant sa façon de penser »
Williams James

* * *

84 « Un objectif bien défini est à moitié atteint » Abraham Lincoln

* * *

85 « L'échec est un excellent enseignant et, si vous êtes ouvert, chaque erreur a une leçon à offrir »
Oprah Winfrey

* * *

25

86 « En vérité, Allah ne modifie point l'état d'un peuple tant que les Hommes qui le composent n'auront pas modifié ce qui est en eux-même »
Coran (sourat 13, verset 11)

* * *

87 « L'espoir est une façon de penser à travers laquelle nos objectifs, désirs, plans et buts se traduisent en leur équivalent physique ou financier »
Napoleon Hill

* * *

88 « On ne peut pas gagner sans d'abord perdre. C'est toute l'ironie du succès : plus on essaye d'éviter l'échec, plus c'est difficile d'obtenir ce qu'on veut »
Dan Waldschmidt

89 « Faites confiance à votre inconscient,

cet immense magasin de solutions »
Milton Erickson

90 « Rien de grand dans le monde de s'est
accompli sans passion »
Hegel

* * *

91 « Le succès ne se mesure pas à la quan-
tité d'argent que vous gagnez, mais à l'impact que vous avez sur la vie des gens »
Michelle Obama

* * *

92 « Votre pensée et votre sentiment déterminent votre destinée »
Joseph Murphy

* * *

93 « Il n'y a pas d'erreur, pas de coïnci-
dences. Tous les événements sont des bé-

nédictions, qui nous sont données pour que nous apprenions »
Elizabeth Kübler-Ross

* * *

94 « La réussite ne s'atteint pas avec des recettes d'un jour. Elle se construit peu à peu sur des principes justes et immuables »
Stephen Covey

* * *

95 « On commence par dire : cela est impossible pour se dispenser de le tenter, et cela devient impossible, en effet, parce qu'on ne le tente pas »
Charles Fourier

* * *

96 « Le don de créativité se niche en chacun de nous, dans l'attente de s'exprimer »
Pat B. Allen

* * *

97 « Il est préférable de faire peu de choses mais à la perfection que beaucoup de choses de façon médiocre »
Robin Sharma

98 « Agissez comme s'il était impossible d'échouer » Winston Churchill

* * *

99 « Le monde que nous avons créé est un processus de notre pensée. Il ne peut pas être modifié sans changer notre façon de penser »
Albert Einstein

* * *

100 « J'ai toujours su que je serai riche. Je ne crois pas en avoir douté une minute »
Warren Buffett

* * *

101 « Là où vos talents et les besoins du monde se rencontrent, là se trouve votre vocation »
Aristote

* * *

102 « On a toujours le choix. On est même la somme de ses choix »
Joseph O' Connor
103 « La fleur qui s'épanouit dans l'adversité est la plus rare et la plus belle de toutes »
Mulan

* * *

104 « Quand vous aurez compris que le monde qui vous entoure a été construit par des gens qui ne sont pas plus intelligents que vous et que vous pouvez le trans-

former, votre vie ne sera plus jamais la même »
Steve Jobs

* * *

105 « Dans vingt ans vous serez plus déçus par les choses que vous n'avez pas faites que par celles que vous avez faites. Alors sortez des sentiers battus. Mettez les voiles. Explorez. Rêvez. Découvrez »
Mark Twain

106 « Nous perdons tellement de temps à contempler la porte fermée que nous ne voyons pas celles qui s'ouvrent »
Alexander Graham Bell

* * *

107 « Si vous pouvez le rêver vous pouvez le faire »
Walt Disney

* * *

108 « Quand on ne peut revenir en arrière, on ne doit se préoccuper que de la meilleure façon d'aller de l'avant »
Paulo Coelho

* * *

109 « Il est bien des choses qui ne paraissent impossibles que tant qu'on ne les a pas tentées »
André Gide

* * *

110 « Ta douleur d'hier est ta force d'aujourd'hui »
Paulo Coelho

* * *

111 « N'attendez pas que les choses soient parfaites, elles ne le seront jamais. Ce qu'il faut, c'est démarrer maintenant. A chaque

étape franchie, vous deviendrez de plus en plus fort, de plus en plus compétent, de plus en plus confiant en vous-même. Et vous connaîtrez de plus en plus de succès »
Mark Victor Hansen

* * *

112 « Il n'est pas de vent favorable pour celui qui ne sait pas où il va »
Sénèque
113 « La première étape consiste à établir que quelque chose est possible, alors la probabilité se produira »
Elon Musk
114 « Prenez l'argent qui est dans votre portefeuille et investissez-le dans votre esprit. Et en retour, votre esprit remplira votre portefeuille »
Benjamin Franklin

115 « Si ce n'est pas amusant, ne le fais pas »
Jack Canfield

*** *** ***

116 « Le succès est égal aux objectifs, tout
le reste est un commentaire »
Brian Tracy

*** *** ***

117 « On peut toujours plus que ce que
l'on croit pouvoir »
Joseph Kessel

*** *** ***

118 « Il faut toujours viser la lune, car
même en cas d'échec on atterrit dans les
étoiles »
Oscar Wilde

*** *** ***

119 « Si je ne peux changer une situation,
je peux en changer le sens »
Jacques Salomé

120 « On n'est pas bon lorsque l'on croit l'être mais lorsqu'on sait qu'on l'est »
Morpheus (Matrix)

* * *

121 « J'ai raté 9000 tirs dans ma carrière. J'ai perdu presque 300 matchs. 26 fois, on m'a fait confiance pour prendre le tir de la victoire et j'ai raté. J'ai échoué encore et encore et encore dans ma vie. Et c'est pourquoi je réussis »
Michael Jordan

* * *

122 « Jamais jamais jamais. N'abandonnez jamais »
Winston Churchill

123 « Ton avenir est créé par ce que tu fais aujourd'hui, pas demain »
Robert T. Kiyosaki

* * *

124 « Réécris chaque jour tes objectifs majeurs, dans le présent comme s'ils existaient déjà »
Brian Tracy

* * *

125 « Celui qui déplace la montagne, c'est celui qui commence par enlever les petites pierres »
Confucius

* * *

126 « Vous êtes la moyenne des 5 personnes que vous fréquentez le plus »
Jim Rohn

* * *

127 « Croyez en vous-même, en l'humanité, au succès de vos entreprises. Ne crai-

gnez rien ni personne »
Baronne Staffe

* * *

128 « Prenez dès aujourd'hui la résolution
de tirer parti de vos échecs »
David Schwarz

* * *

129 « Il est dur d'échouer ; mais il est pire
de n'avoir jamais tenté de réussir »
Franklin Delano Roosevelt
130 « C'est justement la possibilité de réaliser un rêve qui rend la vie intéressante »
Paulo Coelho
131 « Votre succès sera largement déterminé par votre capacité à vous concentrez sur
une chose à la fois »
Brian Tracy

* * *

132 « Chaque grande difficulté porte en elle sa propre solution. Elle nous oblige à changer notre façon de penser afin de la trouver »
Niels Bohr

133 « On peut aussi bâtir quelque chose de beau avec les pierres qui entravent le chemin »
Goethe

* * *

134 « La liberté n'est pas l'absence d'engagement mais la capacité de choisir »
Paulo Coelho

* * *

135 « Ce que vous attendez toujours avec confiance devient votre propre prophétie auto-réalisatrice »
Brian Tracy

* * *

136 « Chercher le bonheur en dehors de nous, c'est comme attendre le soleil dans une grotte orientée au nord »
Proverbe Tibétain

* * *

137 « Votre subconscient obéit à sa propre loi : il manifeste dans la réalité vos convictions profondes, les noyaux de sens qui s'y sont accumulés au fil du temps »
Joseph Murphy

* * *

138 « Entourez-vous seulement de personnes qui vont vous élever plus haut »
Oprah Winfrey

* * *

139 « Ce n'est pas l'aptitude mais bien l'attitude qui est la clé du succès»

Denis Waitley

* * *

140 « La chance sourit à ceux qui décident
d'en avoir et qui agissent dans ce sens »
Philippe Gabilliet

141 « Il faut se concentrer sur ce qu'il nous
reste et non sur ce qu'on a perdu »
Yann Arthus-Bertrand

* * *

142 « La première règle de la réussite, ne
jamais remettre au lendemain l'exécution
d'un travail »
Emmeline Raymond

143 « Quoique tu rêves d'entreprendre,
commence-le. L'audace a du génie, du
pouvoir, de la magie »
Goethe

* * *

144 « Lorsque nous ne sommes plus en mesure de changer une situation, nous sommes mis au défi de nous changer »
Viktor Frankl

* * *

145 « Nous ne pouvons pas choisir les circonstances extérieures, mais nous pouvons toujours choisir la façon dont nous répondons à celles-ci »
Epictète

146 « Le destin n'est pas une question de chance, mais de choix »
W. Jennings Bryan

147 « La principale raison pour laquelle les gens n'ont pas ce qu'ils veulent, c'est parce qu'ils ne savent pas ce qu'ils veulent »
T. Harv Eker

148 « Tout ce que le mental de l'homme peut concevoir, il peut le réaliser »
Napoleon Hill

* * *

149 « L'imagination a le pouvoir de nous rendre infinis»
John Muir

* * *

150 « Décidez exactement ce que vous voulez dans tous les domaines de votre vie. Vous ne pouvez pas atteindre une cible que vous ne pouvez pas voir »
Brian Tracy

* * *

151 « La vie heureuse, est celle qui est en accord avec sa propre nature »
Sénèque

* * *

152 « La gestion du temps est un abus de langage, le défi n'est pas de gérer le temps, mais de nous gérer nous-mêmes »
Stephen Covey

* * *

153 « L'énergie est contagieuse. Si tu veux voler avec les aigles, tu devras arrêter de nager avec les canards »
T.Harv Eker

* * *

154 « Vous avez en vous une superbe ré-serve de potentiel inexploité, votre travail consiste à la libérer »
Brian Tracy

* * *

155 « La perfection n'est pas atteignable. Mais visez la perfection, car en échouant

vous atteindrez l'excellence »
Vince Lombardi

156 « Les passionnés soulèvent le monde,
et les sceptiques le laissent retomber »
Albert Guinon

157 « Avoir un mental cent pour cent positif, c'est le secret, la clé de toutes les vic-
toires »
Mike Horn

158 « La formule sacrée du positivisme :
l'amour pour principe, l'ordre pour base,
et le progrès pour but »
Auguste Comte

* * *

159 « L'important, c'est de transformer
l'autocritique en quelque chose de positif »
Ivan Lendl

* * *

160 « Pensez que vous pouvez ou pensez
que vous ne pouvez pas, dans les deux cas
vous avez raison »
Henry Ford

* * *

161 « Ce que vous avez fait n'est rien com-
paré à ce que vous pouvez faire »
Grant Cardone

* * *

162 « Un état d'esprit positif t'aide non
seulement à imaginer ce que tu veux être,
mais t'aide aussi à le devenir »
Wally Amos

* * *

163 « Nul ne peut atteindre l'aube sans
passer par le chemin de la nuit »
Khalil Gibran

164 « Si le problème que vous rencontrez a

une solution, il ne sert à rien de s'inquiéter. Mais s'il n'en a pas, alors s'inquiéter ne change rien »
Proverbe Tibétain

* * *

165 « Le contrôle commence par vos pensées, vos pensées déterminent vos sentiments, vos sentiments déterminent ensuite vos actions »
Brian Tracy

* * *

166 « Faites que le rêve dévore votre vie, afin que la vie ne dévore pas votre rêve »
Antoine de Saint-Exupéry

* * *

167 « Ce n'est pas le plus intelligent, ni le plus talentueux qui gagne à tous les coups. C'est le plus déterminé »
Confucius

** * **

168 « La folie, c'est de faire toujours la même chose et de s'attendre à un résultat différent »
Albert Einstein

* * *

169 « Je peux être ce que je veux être. Tout ce que j'ai à faire, c'est d'imprimer dans mon subconscient mon désir de santé, d'abondance, d'affection, d'être dans ma vraie place, et cet état s'exprimera »
Joseph Murphy

* * *

170 « Les riches se concentrent sur les solutions. Les pauvres se concentrent sur les problèmes »
T. Harv Eker

171 « Votre atout le plus précieux peut être votre volonté de persister plus longtemps

que quiconque »
Brian Tracy

* * *

172 « L'échec n'est pas le contraire de succès, c'est une partie de la réussite »
Arianna Huffington

173 « Pensez de manière positive et la vie devient plus riche »
Edward Vernon Rickenbacker

174 « Si je disposais de six heures pour abattre un arbre, je consacrerais les quatre premières heures à aiguiser ma hache »
Abraham Lincoln

175 « Les riches font travailler l'argent pour eux. Les pauvres travaillent pour l'argent »
T. Harv Eker
176 « Le bonheur est un état mental, spirituel »

Joseph Murphy

* * *

177 « A côté de la difficulté est, certes une facilité »
Coran (sourat 94, verset 5)

* * *

178 « Je ne suis pas un produit de mes circonstances. Je suis un produit de mes décisions »
Stephen Covey

* * *

179 « Le bonheur et la haute performance viennent à vous quand vous choisissez de vivre votre vie en accord avec votre plus haute valeur et vos convictions les plus profondes »
Brian Tracy

* * *

180 « Il n'y a pas de répétition, vous n'avez qu'une seule vie, donc prenez-la en main et efforcez-vous d'être remarquable »
Anita Roddick

181 « Toute personne qui réussit, avait un rêve et l'a poursuivi jusqu'au bout »
Anthony Robbins

182 « La plupart des gens pensent que les millionnaires aiment ce qu'ils font parce qu'ils gagnent beaucoup d'argent. En réalité ils gagnent beaucoup d'argent parce qu'ils aiment ce qu'ils font »
Mark fisher

* * *

183 « N'arrivez jamais au bureau ou devant votre ordinateur sans une liste précise de priorités »
Tim Ferriss

* * *

184 « Il n'y a pas de limites à ce que vous pouvez accomplir, sauf les limites que vous placez dans votre propre pensée »
Brian Tracy

* * *

185 « Seuls ceux qui se risqueront à peut-être aller trop loin sauront jusqu'où il est possible d'aller »
Thomas Stearns Eliot

* * *

186 « Je crois à la chance et je m'aperçois que, plus je travaille dur, plus j'en ai »
Thomas Jefferson

* * *

187 « Le difficile c'est ce qui peut-être fait tout de suite. L'impossible, c'est ce qui prend un peu plus de temps »
George Santayana

188 « Il faut tendre vers l'impossible : les grands exploits à travers l'histoire ont été la conquête de ce qui semblait impossible »
Charlie Chaplin

* * *

189 « Le savoir n'est qu'une vague rumeur tant qu'il n'est pas dans le muscle »
Proverbe de Nouvelle Guinée

* * *

190 « Lorsque tu sèmes le bonheur dans le cœur d'une personne, viendra un jour quelqu'un qui le sèmera dans ton cœur. Car la vie ne te rend que ce que tu lui offres. Et c'est ce que tu sèmes aujourd'hui que tu récolteras demain »
Al Ma'asrawi

* * *

191 « Soyez clair avec ce que vous voulez »

Zig Ziglar

* * *

192 « Les personnes riches apprennent et grandissent sans cesse. Les personnes pauvres croient qu'ils savent tout »
T. Harv Eker

* * *

193 « Vous devenez ce que vous imaginez être vous-même »
Lewis Howes

* * *

194 « Pour réaliser une chose vraiment extraordinaire, commencez par la rêver. Ensuite, réveillez-vous calmement et allez d'un trait jusqu'au bout de votre rêve sans jamais vous laisser décourager »
Walt Disney

195 « N'acceptez jamais la défaite, vous

êtes peut-être à un pas de la réussite »
Jack E. Addington

* * *

196 « Il n'y a qu'une façon d'échouer, c'est
d'abandonner avant d'avoir réussi »
Georges Clemenceau

* * *

197 « Tout ce qui peut être fait un autre
jour, le peut être aujourd'hui »
Montaigne

198 « Les conséquences de ce qu'on ne fait
pas sont les plus graves »
Marcel Mariën

* * *

199 « Une personne optimiste ne refuse
pas de voir le côté négatif des choses ; elle
refuse de s'attarder dessus »
Alexander Lockhart

* * *

200 « Faire et souhaiter faire sont deux
choses différentes »
Benjamin Franklin

201 « Réussir, c'est être soi-même »
John Gray

* * *

202 « Ils ne savaient pas c'était impossible
alors ils l'ont fait »
Mark Twain

* * *

203 « Je suis reconnaissant envers ceux qui
m'ont dit "non" car c'est grâce à eux que je
l'ai fait par moi-même »
Albert Einstein
204 « La vie est comme une serrure à com-
binaison; votre but est de trouver les bons

numéros, dans le bon ordre, afin que vous
puissiez avoir tout ce que vous voulez »
Brian Tracy

* * *

205 « Je pense qu'il est possible aux gens
ordinaires de choisir d'être extraordinaire »
Elon Musk
206 « Ne vous souciez pas des échecs, sou-
ciez-vous des chances que vous laissez
échapper lorsque vous n'essayez même pas
»
Jack Canfield
207 « Ce n'est pas les choses que nous
avons faites pendant notre vie que nous re-
grettons sur notre lit de mort. Ce sont les
choses que nous n'avons pas faites. Trouvez
votre passion et suivez là »
Randy Pausch

* * *

208 « L'obstination est le chemin de la réussite »
Charlie Chaplin

209 « La vie est un défi à relever, un bonheur à mériter, une aventure à tenter »
Mère Teresa

* * *

210 « Peu importe d'où vous venez; l'important est où vous allez »
Brian Tracy

* * *

211 « Contrôlez votre destiné ou quelqu'un d'autre le fera à votre place »
Jack Welch

212 « La plus grande découverte de tous les temps est qu'une personne peut changer son future simplement en changeant

son attitude »
Oprah Winfrey
213 « Tout le monde pense à changer le
monde, mais personne ne pense à se changer lui-même »
Léon Tolstoï

* * *

214 « Développer une attitude de grati-
tude et rendre grâce pour tout ce qui vous
arrive, sachant que chaque pas en avant est
un pas en avant pour atteindre quelque
chose de plus grand et de meilleur que
votre situation actuelle »
Brian Tracy

* * *

215 « L'échec n'existe pas. Seuls les résultats existent » Anthony Robbins

* * *

216 « Que ta parole soit bonne et que ton visage soit épanoui, c'est ainsi que tu seras plus aimé des gens que celui qui leur fait des dons »
Abdallah Ben Abi Badra

* * *

217 « La seule chose que vous devez savoir sur le succès individuel durable: découvrez ce que vous n'aimez pas faire et arrêtez-le »
Marcus Buckingham
218 « Les gens moyens ont souhaits et espoirs. Les gens confiants ont objectifs et plans »
Brian Tracy

* * *

219 « Brûlez les ponts derrière vous et voyez comme vous travaillez bien quand vous savez que vous ne pouvez reculer »
Napoleon Hill

* * *

220 « La maturité c'est la capacité à moissonner sans excuses et surtout ne pas se plaindre lorsque les choses tournent mal »
Jim Rohn

221 « La seule limite à notre épanouissement de demain sera nos doutes d'aujourd'hui »
Franklin Delano Roosevelt

* * *

222 « Faites confiance à votre instinct. Il vaut mieux que vos erreurs soient les vôtres plutôt que celles de quelqu'un d'autre »
Michaël Aguilar

223 « Pour gagner votre vie, apprenez à l'école. Pour gagner une fortune, apprenez par vous-même »
Brian Tracy

224 « Le monde vous voit principalement comme vous vous voyez »
Lisa Nichols

225 « Les gens devraient poursuivre ce qui les passionne. Cela les rendra plus heureux que quasiment toute autre chose »
Elon Musk

* * *

226 « Détournez-vous de ceux qui vous découragent de vos ambitions. C'est l'habitude des mesquins, ceux qui sont vraiment grands vous font comprendre que vous aussi pouvez le devenir »
Mark Twain

* * *

227 « Ce n'est pas ce que tu dis à voix haute qui détermine ta vie, c'est que ce que tu chuchotes à toi-même qui a le plus d'impact sur ta vie »

Robert Kiyosaki

* * *

228 « La confiance en soi nécessite d'avoir
le courage de vivre votre vie à votre façon »
Brian Tracy

* * *

229 « Ce qui te manque, cherche-le dans
ce que tu as »
Koan Zen

* * *

230 « Le compagnon vertueux et le compagnon malfaisant sont respectivement
comparables au vendeur du musc et au
forgeron. Le vendeur de musc t'en donne
ou t'en vend ou encore il émane de sa personne une odeur agréable, tandis que le
forgeron risque de brûler tes habits ou il
répand une odeur nauséabonde »

Le prophète Mohammed (paix et salut sur
lui)

* * *

231 « L'échec est seulement l'opportunité
de recommencer d'une façon plus intelli-
gente »
Henry Ford

* * *

232 « Celui qui aime apprendre est bien
près du savoir » Confucius
233 « Si vous ne voulez pas risquer l'extraordinaire, vous devriez vous installer pour
l'ordinaire »
Jim Rohn

234 « La différence entre le possible et
l'impossible réside dans la détermination
qui sommeille en toi »
Tommy Lasorda

* * *

235 « Il n'existe pas de problèmes dans la
nature, mais seulement des solutions car
l'état naturel est un état adaptatif donnant
naissance à un système cohérent »
René Dubos

* * *

236 « Voir le possible là où les autres
voient l'impossible, telle est la clé du succès »
Charles-Albert Poissant

* * *

237 « Vous devez trouver ce qui déclenche
une lumière en vous afin que vous puissiez
à votre manière illuminer le monde »
Oprah Winfrey

* * *

238 « Ce ne sont pas les perles qui font le collier, c'est le fil »
Gustave Flaubert

* * *

239 « Ce que vous imaginez et tenez pour vrai adviendra. L'imagination habille vos idées et les projette sur l'écran de l'espace. Demeurez fidèle à ce schéma mental et vous constaterez qu'un jour vos rêves se réaliseront »
Joseph Murphy

* * *

240 « Beaucoup d'échecs de la vie sont vécus par les personnes qui ne se rendent pas compte à quel point ils étaient au succès quand ils ont abandonné »
Thomas Edison

* * *

241 « Il réside en vous une force et une intelligence incroyable qui répondent constamment à vos paroles » Louise Hay

* * *

242 « Le pessimiste se plaint du vent; l'optimiste espère un changement de temps; le réaliste hisse les voiles »
William Arthur Ward

* * *

243 « Apprendre à apprendre est la plus importante compétence de la vie »
Tony Buzan
244 « Derrière chaque difficulté, il y a une opportunité »
Albert Einstein
245 « Le succès revient à ceux qui agissent »
Brian Tracy
246 « Le commencement de bien vivre, c'est de bien écouter »

Plutarque

* * *

247 « Si nous plantons des pensées de paix, d'harmonie, de santé et de prospérité, nous en ferons la moisson ; si nous semons des pensées de maladie, de pénurie, de conflits et de disputes, nous les récolterons. Il faut que nous nous rappelions que notre esprit subconscient est semblable à la terre; il fera pousser toutes les semences que nous plantons dans le jardin de notre esprit, quelles qu'elles soient »
Joseph Murphy

* * *

248 « Les mots sont comme les abeilles : ils ont le miel et l'aiguillon » Proverbe Suisse
249 « Les gagnants ne lâchent jamais et les lâcheurs ne gagnent jamais »
Vince Lombardi

67

Un lâcheur ne gagne jamais, un gagneur
ne lâche jamais; Napoleon hill

250 « Croyez en vos rêves et ils se réaliseront peut-être. Croyez en vous et ils se réaliseront sûrement » Martin Luther King

251 « Les deux guerriers les plus puissants
sont la patience et le temps. N'oublie pas
que les grandes réalisations prennent du
temps et qu'il n'y a pas de succès du jour
au lendemain » Léon Tolstoï

252 « La seule chose qu'on est sûr de ne
pas réussir est celle qu'on ne tente pas »
Paul Émile Victor

253 « La persévérance, plus les efforts quo-
tidiens, plus le temps : voilà la recette du
génie » Robin Sharma

254 « La chance n'existe pas; ce que vous
appelez chance, c'est l'attention aux détails

»
Winston Churchill

255 « Les professeurs ouvrent les portes mais vous devez entrer vous-même »
Proverbe Chinois
256 « Repousser ses limites est la seule manière de se connaître mieux et de progresser humainement »
Mike Horn
257 « Prenez une profonde respiration, détendez-vous et imaginez-vous exactement comment vous souhaitez être »
Brian Tracy

* * *

258 « Si tu veux changer ta vie, tu dois changer ton esprit: tes croyances deviennent tes pensées, tes pensées deviennent tes mots, tes mots deviennent tes actions, tes actions deviennent tes habitudes, tes habitudes deviennent tes valeurs, tes valeurs deviennent ta destinée »

T. Harv Eker

259 « Le jour où tu cesseras de te soucier de l'opinion que les autres ont de toi, alors ils te respecteront »
Lao Tseu

* * *

260 « Ta vie ne s'améliorera pas par hasard, elle ira mieux par le changement »
Jim Rohn

261 « La connaissance s'acquiert par l'expérience, tout le reste n'est que de l'information »
Albert Einstein

262 « Car ici comme ailleurs, il suffit d'oser. Quelquefois, leurré par les apparences, on met dix ans à ne pas oser. Mais quand on s'est jeté enfin à l'eau, alors on n'en finit plus de chasser l'angoisse à grands cris de joie »
Pierre Magnan

263 « Arrêtez de parler du problème et commencez à penser aux solutions »

Brian Tracy

* * *

264 « La perfection est atteinte, non pas lorsqu'il n'y a plus rien à ajouter, mais lorsqu'il n'y a plus rien à retirer »
Antoine de Saint-Exupéry

* * *

265 « Souvent, les opportunités les plus extraordinaires sont cachées parmi les événements apparemment insignifiants de la vie. Si nous ne prêtons pas attention à ces événements, nous pouvons facilement rater les opportunités »
Jim Rohn

* * *

266 « Le plus grand arbre est né d'une graine menue » Lao Tseu
267 « Les opportunités sont comme les autobus, il y en a toujours un autre qui arrive

»
Richard Branson

* * *

268 « Ils peuvent parce qu'ils pensent qu'ils peuvent »
Virgile

* * *

269 «Le meilleur moment pour planter un arbre, c'était il y a 20 ans. Le deuxième meilleur moment, c'est maintenant »
Proverbe chinois

* * *

270 « Je ne suis pas le plus riche, le plus intelligent ou le plus talentueux du monde, mais j'ai réussi parce que j'ai continué, continué, continué »
Sylvester Stallone

* * *

271 « Quand tu es arrivé au sommet de la montagne, ce n'est pas fini. Continue de grimper, il y a encore le ciel et les étoiles à conquérir »
Proverbe chinois
272 « Sème une pensée, tu récolteras un acte. Sème un acte, tu récolteras une habitude. Sème une habitude, tu récolteras un caractère. Sème un caractère, tu récolteras un destin »
Stephen Covey
273 « Tout gagnant développe une image mentale positive de lui même et y pense activement »
Denis Waitley

* * *

274 « Jouer le rôle; marcher et parler exactement comme si vous étiez déjà la personne que vous voulez être »
Brian Tracy

* * *

275 « Commencer, c'est la moitié de fait
que d'avoir commencé. Il reste encore la
moitié de l'ouvrage, commencez de rechef
et vous l'achèverez »
Ausone

276 « Si vous voulez changer votre vie, la
première chose à faire est d'être déraison-
nable. Celui qui change le monde n'est pas
raisonnable, il adapte le monde à sa vision
des choses »
Anthony Robbins

277 « L'ouvrier qui veut bien faire son travail doit commencer par aiguiser ses ins-
truments »
Confucius

278 « Ne rêve pas que ce soit plus facile.
Décide simplement d'être meilleur »
Jim Rohn

* * *

279 « L'homme est l'artisan de sa propre destinée et ses pensées et ses actes sont les outils avec lesquels il la crée »
Napoleon Hill

* * *

280 « Dans la vie, il y a deux catégories d'individus: ceux qui regardent le monde tel qu'il est et se demandent pourquoi, et ceux qui imaginent le monde tel qu'il devrait être et qui se disent: Pourquoi pas ? »
George Bernard Shaw
281 « Toute personne qui réussit avait un rêve et l'a poursuivi jusqu'au bout »
Anthony Robbins

282 « Si c'était pas dur tout le monde en ferait. La grandeur provient de la difficulté »
Jimmy Dugan

283 « Pensez continuellement à ce que

vous souhaitez, non à des choses que vous craignez »
Brian Tracy

* * *

284 « Les plus grandes batailles de la vie sont celles que nous livrons chaque jour dans l'antichambre de notre âme »
Stephen R. Covey

285 « Tous vos rêves attendent de l'autre côté de vos peurs »
Grant Cardone

* * *

286 « Lorsqu'une porte du bonheur se ferme, une autre s'ouvre ; mais parfois on observe si longtemps celle qui est fermée qu'on ne voit pas celle qui vient de s'ouvrir à nous »
Helen Keller

287 « Un objectif sans date est juste un rêve »
Milton Erickson

288 « Pour atteindre l'objectif final, je me concentre d'abord sur la préparation »
David Douillet

* * *

289 « Le succès est un état d'esprit. Si vous voulez réussir, commencez par penser à vous en tant que gagnant » Joyce Brothers

* * *

290 « Il est préférable de passer du temps avec des gens qui sont meilleurs que vous. Choisissez des associés dont le comportement est meilleur que le vôtre et vous dériverez dans cette direction »
Warren Buffett

* * *

291 « La vie est trop courte pour en perdre
une minute à faire un travail que vous
n'aimez pas ou ne vous intéresse pas »
Brian Tracy

* * *

292 « Réaliser des choses que vous n'aviez
encore jamais faites réveille vos talents mé-
connus »
Robin Sharma

* * *

293 « Aucun de nous, en agissant seul, ne
peut atteindre le succès »
Nelson Mandela

* * *

294 « Les difficultés n'existent pas. Il y a
seulement des challenges qui une fois rele-

vés nous rendent expert dans un domaine
qui nous était jusque là inconnu »
Nora Samir

* * *

295 « La réussite ne se trouve pas dans la
meilleure des places, la plus haute ou la
plus payante, mais dans le maximum
qu'on peut tirer de soi-même »
Renaud Tremblay

* * *

296 « Soyez le changement que vous voulez voir dans le monde »
Ghandi

* * *

297 « Tous nos rêves peuvent se réaliser si
nous avons le courage de les poursuivre »
Walt Disney

* * *

298 « Toute pensée occupant uniquement notre esprit devient vraie pour nous et a tendance à se transformer en acte » Emile Coué

* * *

299 « Attendez-vous à réussir, attendez-vous à être aimé, attendez-vous à être populaire partout où vous allez »
Brian Tracy

* * *

300 « La chance est la rencontre de la préparation avec l'opportunité »
Oprah Winfrey

* * *

301 « Le dernier concept sur lequel on se concentre avant de s'endormir demeure gravé dans le subconscient »
Joseph Murphy

302 « En aidant les autres à réussir, on as-
sure notre propre succès»
William A. Feather
303 « Il est de très loin plus lucratif et plus
amusant de capitaliser sur vos points forts
que d'essayer de corriger tous vos points
faibles »
Tim Ferriss

* * *

304 « La confiance en soi est la fondation
de tous les grands succès et réalisation »
Brian Tracy
305 « Le bonheur n'est pas quelque chose
que l'on reporte à plus tard. C'est quelque
chose que vous concevez pour le présent »
Jim Rohn
306 « Reconnaissant l'influence de mon
subconscient sur le pouvoir de ma volonté,
je prendrai soin de lui soumettre un por-
trait claire et précis de ma mission de vie et
de tous les objectifs mineurs qui y mènent.
« Je garderai cette image constamment de-

vant mon esprit inconscient en le répétant
chaque jour »
Bruce Lee

* * *

307 « Personne ne peut vous faire sentir
inférieur sans votre consentement »
Eleanor Roosevelt

* * *

308 « Changez vos pensées pour changer
votre vie »
Lisa Nichols

* * *

309 « La façon la plus fréquente dont les
gens abandonnent leur pouvoir c'est en
pensant qu'ils n'en ont pas »
Alice Walker

* * *

310 « Si aujourd'hui vous n'avez pas la vie que vous désirez, c'est qu'il y a un schéma immobilisant ou une peur qui vous empêche de passer à l'action »
Anthony Robbins

* * *

311 « Si vous êtes assis à attendre que quelqu'un vous sauve, pour vous réparer, pour vous aider même, vous perdez votre temps parce que vous seul avez le pouvoir de prendre la responsabilité de faire avancer votre vie »
Oprah Winfrey
312 « Le point de départ de tout succès est un objectif définitif. Sans plan et sans but, les gens naviguent à travers la vie tels des fantômes »
Napoleon Hill
313 « Ne pas planifier est la planification de l'échec »
Brian Tracy

* * *

314 « Vous devez apprendre une nouvelle façon de penser avant de pouvoir maîtriser une nouvelle façon d'être » Zig Ziglar

* * *

315 « En réalité, l'échec est simplement un retour d'information. Ce n'est pas que vous soyez mauvais, pas assez bon ou incapable. Un échec (ou un retour d'information) vous donne l'occasion d'examiner ce qui ne fonctionne pas et de déterminer comment le faire fonctionner »
Lewis Howes

* * *

316 « La clé pour réaliser un rêve est de se concentrer non pas sur le succès mais sur la signification »
Oprah Winfrey

*　*　*

317 « Il y a plus de courage que de talent
dans la plupart des réussites »
Félix Leclerc
318 « Le commencement est la moitié de
l'action »
Wilfrid Laurier

*　*　*

319 « Les gens qui réussissent sont simplement ceux qui ont des habitudes réussies »
Brian Tracy

*　*　*

320 « Un homme est riche en fonction du
nombre de choses dont il peut se passer »
Henry David Thoreau
321 « Être heureux ne signifie pas que tout
est parfait. Cela signifie que vous avez décidé de regarder au-delà des imperfections
»

Aristote
322 « Vous pouvez obtenir la plupart des choses que vous voulez dans la vie. C'est simplement que la plupart des objectifs prendront un ou deux ans de plus que prévu. Soyez patient »
Tai Lopez

* * *

323 « Tout le succès d'une opération réside dans sa préparation »
Sun Tzu

* * *

324 « Notre esprit n'a pour limites que celles que nous lui reconnaissons »
Napoleon Hill

* * *

325 « La première de toutes est d'être bien décidé à ce que l'on veut être et à ce que l'on veut faire, et c'est ce qui manque à

presque tous les hommes; c'est pourquoi sans cette condition il n'y a point de bonheur. Sans elle, on nage perpétuellement dans une mer d'incertitudes; on détruit le matin ce que l'on a fait le soir, on passe sa vie à faire des sottises, à les réparer, à s'en repentir »
Émile du Châtelet
326 « L'action est la clé fondamentale de tout succès »
Pablo Picasso
327 « Lorsque vous savez ce que vous voulez et que vous le voulez suffisamment, vous trouverez le moyen de l'obtenir »
Jim Rohn
328 « Votre subconscient projette dans votre vie, comme sur un écran, votre représentation du monde » Joseph Murphy

* * *

329 « Le succès est de faire ce que vous voulez quand vous voulez avec qui vous voulez autant que vous voulez »

Anthony Robbins

330 « La peur n'empêche pas la mort, elle empêche la vie » Naguib Mahfouz
331 « Ne crains pas d'avancer lentement crains seulement de t'arrêter »
Proverbe chinois
332 « Les bonnes occasions sont comme les couchers de soleil. Si vous tardez trop longtemps, vous les manquerez »
William Arthur Ward
333 « Votre travail va occuper une grande part de votre vie et la seule façon d'être satisfait est de faire ce que vous croyez être un grand travail. Et la seule façon de faire un grand travail est d'aimer ce que vous faites. Si vous ne l'avez pas encore trouvé, continuez à chercher. N'abandonnez pas. Comme tout ce qui concerne le cœur, vous savez que vous le trouverez » Steve Jobs

334 « Ce que tu réalises intérieurement va changer la réalité extérieure »
Plutarch
335 « La personne qui n'est pas en paix avec elle-même sera en guerre contre le monde entier »
Ghandi

* * *

336 « Se dédier à faire tout ce que l'on peut pour aider les autres à obtenir ce qu'ils veulent, c'est la clé du succès »
Brian Sher

* * *

337 « Si quelqu'un vous donne une belle opportunité mais que vous n'êtes pas qualifié pour, acceptez-la. Vous apprendrez après » Richard Branson

* * *

338 « Une caractéristique des gens qui ont du succès c'est qu'ils sont orientés sur l'action. Une caractéristique des gens moyens c'est qu'ils sont orientés sur les paroles »
Brian Tracy

* * *

339 « Lorsque tu te concentres sur ce qui est négatif, injuste ou mauvais, ton travail en pâti (en souffre) ainsi que ton impact sur les choses »
Jeff Walker

340 « Le secret du succès, s'il existe, c'est la faculté de se mettre à la place de l'autre et de considérer les choses de son point de vue autant que du nôtre »
Henry Ford

341 « Les crises, les bouleversements et la maladie ne surgissent pas par hasard. Ils nous servent d'indicateurs pour rectifier une trajectoire, explorer de nouvelles orientations, expérimenter un autre chemin de vie »

Carl Gustav Jung
342 « On ne peut pas résoudre un problème avec le même mode de pensée que
celui qui a généré le problème »
Albert Einstein

* * *

343 « Rien n'exerce plus de pouvoir sur le
corps que les croyances de l'esprit »
Deepak Chopra

* * *

344 « La première étape est de vous dire
que vous pouvez y arriver »
Will Smith

* * *

345 « Notre plus grande faiblesse réside
dans l'abandon. Le moyen le plus sûr de
réussir est d'essayer juste une fois de plus »
Thomas A. Edison

* * *

346 « Il existe une force motrice plus puissante que la vapeur, l'électricité et l'énergie atomique. Cette force, c'est la volonté »
Albert Einstein

* * *

347 « Ne vous découragez pas ; c'est souvent la dernière clef du trousseau qui ouvre la porte »
Paulo Coelho

* * *

348 « Nous ne percevons pas le monde tel qu'il est réellement mais tel que nous sommes »
H.M. Tomlinson

* * *

349 « Dès que tu commences à marcher sur le chemin, le chemin apparaît »

Rûmi

350 «La vie est trop courte» est répété assez souvent pour être un cliché, mais cette fois-ci, c'est vrai. Vous n'avez pas assez de temps pour être à la fois malheureux et médiocre. Ce n'est pas seulement inutile, c'est douloureux »
Seth Godin
351 « Faites attention à ce que vous voulez, car vous l'aurez »
Proverbe chinois
352 « Vous devez vous lever chaque matin avec détermination si vous voulez vous coucher avec satisfaction »
George Lorimer
353 « Votre premier rituel que vous faites pendant la journée est de loin le rituel à effet de levier le plus élevé, car il a pour effet de fixer votre esprit et le contexte pour le reste de votre journée »
Eben Pagan

* * *

354 « Pensez de manière positive et la vie devient plus riche »
Edward Vernon

* * *

355 « Votre niveau de réussite dépassera rarement votre niveau de développement personnel, car le succès est quelque chose que vous attirez par la personne que vous devenez »
Jim Rohn

* * *

356 « Une vie extraordinaire consiste à améliorer quotidiennement et continuellement les domaines qui comptent le plus »
Robin Sharma

* * *

357 « Voir les choses comme vous les vou-
driez au lieu de comme elles sont »
Robert Collier

* * *

358 « Au fur et à mesure que je modifie
mes pensées, le monde autour de moi se
transforme »
Louise L. Hay

* * *

359 « Plutôt que de penser à ce que tu n'as
pas, pense à ce que tu peux faire avec ce
que tu as »
Ernest Hemingway

360 « Être négatif, c'est s'éloigner de son
bonheur; être positif, c'est faire grandir son
bonheur »
David Cloutier

361 «Les individus qui réussissent sont
ceux qui savent mobiliser toutes leurs res-

sources mentales et physiques sur un objectif »
Anthony Robbins

362 « L'art de la réussite consiste à savoir
s'entourer des meilleurs »
John Kennedy

363 « Comprendre que vous pouvez changer l'opinion que vous avez de vous-même,
que les conditions, les circonstances et les
événements ne sont point des causes, mais
des effets de votre façon de penser est le
meilleur moyen de surmonter tout sentiment d'infériorité et de rejet. Toute crainte
a pour cause fondamentale le fait de croire
que ce qui est extérieur à votre pensée peut
être à l'origine de vos maux. La cause de
tout est dans votre propre esprit, elle est
mentale » Joseph Murphy

* * *

364   Les progrès se présentent sous la forme d'une série de petits pas. Aucune très impressionnante en soi, mais elles peuvent s'ajouter à un parcours incroyable

Anders Ericsson

365 « L'état de votre vie n'est que le reflet de votre état d'esprit »
Dr Wayne Dyer

* * *